AF247773

LA FRANCE

EN 1850.

LA FRANCE

EN 1850

PAR

M. Etienne Malpertuy.

PARIS

E. DENTU ET COMPAGNIE, LIBRAIRES,

PALAIS NATIONAL, GALERIE VITRÉE, 13.

1850

I.

1850.

1850.

Involontairement la pensée s'arrête devant cette date : 1850 ! Le dix-neuvième siècle arrive à moitié chemin de sa destination dans l'histoire de l'humanité. Quoique amené par la loi régulière du temps, sans plus de cérémonie qu'une année ordinaire, l'an 1850 se range à la suite des autres années avec une physionomie exceptionnelle. 1850 ! un demi-siècle vient de disparaître, emportant la jeunesse du départ de nos pères ! un demi-siècle vient de commencer, laissant voir dans le lointain les horizons de l'avenir de nos enfants !

Il nous a paru naturel de jeter un regard en arrière sur ces cinquante années de notre histoire, et d'aventurer un regard en avant sur l'avenir qu'elles nous ont préparé. Nous prions Dieu qu'il inspire à tous les graves réflexions qui nous arrivent à cette heure! Que la France elle-même, qui vient de traverser ces cinquante années si fertiles en catastrophes, tombe assise un instant sur cette première moitié du siècle; qu'elle se penche sur l'avenir, pour voir avec un recueillement salutaire où l'entraîne la marche rapide du temps unie à la rapidité des révolutions!

11.

DU PASSÉ.

DU PASSÉ.

Le dix-neuvième siècle a cinquante ans révolus aujourd'hui. Né le lendemain d'une des plus terribles révolutions qui aient jamais bouleversé le monde, il porte sur toute son histoire la date ineffaçable de sa naissance. Depuis cinquante ans qu'il existe, ce siècle est dévoré de la fièvre révolutionnaire. L'agitation est son élément; la révolte, sa vie. Toute sa physionomie est dans la rapidité de ses révolutions. Il ne se sert d'un peu de repos que pour machiner de nouveaux troubles. Jamais siècle n'est entré par plus de tempêtes dans le domaine de l'histoire. Jamais cinquante années n'ont vu passer autant d'hommes et de choses, autant de gouvernements et de fortunes diverses : consulat, empire, monarchie, république, la France accepte tous les gouvernements, au gré de son inconstance, ou par l'ordre de la fatalité. Elle s'agite, se tourne et retourne sans cesse; on serait tenté de croire qu'elle ne sait plus à quelle place se mettre pour vivre ou peut-être pour mourir !

Ce siècle s'ouvre, en France, par un événement considérable. Bonaparte vient d'être nommé premier consul. Il semble que Dieu ait voulu mettre le siècle nouveau-né dans les bras de cet homme pour qu'il en soit le parrain et qu'il lui donne son nom dans l'histoire. Quatre ans plus tard, le consul est devenu empereur. La France, lasse de l'anarchie, a pris un maître. Elle tue sa liberté au profit de son repos. Pendant dix ans, elle s'enivre des gloires de l'empire. Tout-à-coup, lasse de sa gloire comme elle le fut de sa liberté, elle remonte vingt et un ans de son histoire, et rend la couronne au frère de Louis XVI. Monarchique pendant quinze ans, la France de la restauration laisse reposer tous ses instincts turbulents. Après quinze années de paix, son sang que l'empire avait épuisé lui remonte au cœur avec un besoin d'action qui la jette à sa pente naturelle. La fièvre révolutionnaire se remet au corps social.

La révolution de juillet arrive. Un prince habile s'empare du mouvement, en détourne le cours, l'élève à son profit, et, à force de prudence, d'adresse et de patience, il parvient à donner au monde l'étonnant spectacle d'un règne de dix-huit années de paix. Louis-Philippe n'avait pas tué le mal, il n'avait fait que l'endormir. Un repos aussi long n'avait servi qu'à gonfler la veine outre mesure; elle se rompt tout d'un coup. La révolution vient éclater de nouveau, mais dix-huit ans plus loin. Nous sommes arrivés au 24 février : un fait inouï dans l'histoire ! une révolution qui, la veille, était impossible, incroyable le jour même, et qui ressemblait encore à un rêve le lendemain!

Ainsi, depuis cinquante ans, trois gouvernements sont dissipés au souffle des révolutions. Trois dynasties sont tombées dans la tombe ou dans l'exil. Les maîtres du pouvoir sont placés et déplacés comme par une main inquiète et remuante, une main invisible qui semble disposée, hélas ! à ne vouloir prendre aucun repos ! Les institutions, les chartes, les lois, les principes politiques sont emportés dans l'espace, comme les feuilles mortes d'une forêt sans cesse battue par l'orage. Voilà en quelques mots l'histoire des cinquante années qui viennent de finir.

Jetons maintenant un coup d'œil sur la situation que nous a faite ce passé révolutionnaire.

III.

DU PRÉSENT.

DU PRÉSENT.

Un peuple chez lequel les révolutions sont si fréquentes est destiné à un progrès immense ou condamné à une fin rapide. Tout dépend du but que ce peuple se propose d'atteindre en faisant ses révolutions. Une révolution est une aspiration violente, irrésistible, vers un autre ordre de choses. Dans ce grand mouvement des esprits, en 89, la France faisait donc une révolution. En effet, il s'agissait de changer la face entière du pays, de rajeunir ses institutions, de régénérer toute une société. L'œuvre était à faire, mais elle commença mal. Le but était beau à atteindre, mais les hommes qui, les premiers, y touchèrent, y mirent leurs doigts pleins de sang. Le temps allait mûrir une révolution toute philosophique en elle - même , lorsque la violence de nos pères fit tomber le fruit dans le sang. Nous l'avons ramassé à moitié mûr. Au lieu d'en goûter la saveur, nos lèvres n'en ont connu que l'âpreté. 89 a été arrêté par 93. La pensée des Etats-généraux a trouvé la mort sous la guillotine de la Convention. La Terreur fut un abominable contresens. Proclamer le règne de la fraternité en abattant des têtes! donner l'égalité par la main du bourreau! Les trois principes sublimes de liberté, d'égalité et de fraternité furent noyés dans le sang. La révolution fut interrompue.

Notre siècle a hérité de cette révolution violentée dans son principe. Il devait en recueillir les bienfaits; il n'en a reçu que le contre-coup. Ces secousses si répétées qui ont ébranlé ces cinquante premières années, cette noire inquiétude qui domine l'avenir, cette fièvre qui attaque aujourd'hui le corps social, sont les suites de notre première révolution dénaturée par les horreurs de 93. Ces insurrections qui brisent à plaisir les trônes et les rois ne sont que les impatiences d'un peuple qui souffre d'une révolution qui ne pourra peut-être jamais arriver à son but, parce que dès le principe elle a été jetée hors de sa voie.

Les généreux héritiers de la grande pensée de 89, pleins des souvenirs de la terreur, mettent un frein prudent à leurs intentions libérales pour ne pas en devenir plus tard les victimes. Epouvantés du passé, ils n'osent faire aucune concession à l'avenir. C'est une concession qui a cloué la première planche à l'échafaud de 93. D'un autre côté, les fils des terroristes, gonflés des passions de leurs pères, arrêtent la révolution en voulant la faire reculer jusqu'à l'imitation sanglante du passé. Les uns n'osent plus avancer; les autres veulent aller trop loin; personne n'agit dans le sens philosophique du mouvement de 89. Les modérés s'épuisent sur leurs bonnes intentions ; les exaltés s'irritent devant leurs projets ajournés. On ne fait ni le bien ni le mal. On attend. Tous les partis s'arrêtent à moitié chemin; tous les appétits politiques sont forcés de rester sur leur faim, bonne ou mauvaise.

Telle est la situation actuelle. Inquiète comme l'incertitude, impatiente comme le besoin, la France se trouve, depuis le **24 février,** en proie à tous les dangers d'une société où pas un principe, bon ou mauvais, n'est assez fort pour dominer.

Un mot sur la révolution de février.

La France, travaillée par les philosophes du dernier siècle, a perdu sa foi en Dieu. Démoralisée par les révolutions, la France a perdu sa foi dans le pouvoir. Toutes les barrières de l'autel et de l'autorité ont été foulées aux pieds des impies et des factieux. Une société qui existe, privée de ces deux fondements, n'a plus de base. Au premier coup de main d'un parti qui a l'audace de la surprendre, elle tombe. On ne résiste qu'avec des principes. Dans un pays atteint de la démoralisation politique, une heure suffit pour changer un gouvernement de dix-huit ans. La révolution de février en est la preuve.

Cette révolution faite par un mot et pour un mot n'avait pas plus de raison pour éclater en telle année qu'en telle autre. L'insurrection du peuple n'eut même, en février, qu'un très-petit caractère dans ce drame rapide. Le peuple a couru aux armes par entraînement de parti, par habitude, peut-être aussi parce que depuis longtemps il n'avait pas fait la moindre révolution. Cette dernière raison est plus considérable qu'on ne le pense. Il existe maintenant dans les organes du corps social un muscle devenu indispensable à son mouvement; c'est le muscle de l'insurrection. Ce moteur joue aujourd'hui un grand rôle dans le mécanisme du corps social; il en est même le héros principal. En France, il n'est plus permis de patienter; il faut qu'on se révolte à heure fixe. On n'attend plus du temps un progrès possible; on va le chercher les armes à la main. Outre ce besoin déplorable de révolutions qui le tourmente, le peuple a la passion de l'émeute, la manie des barricades. Avant tout, une insurrection est un spectacle. Elle a sa mise en scène connue, ses décors obligés; ses acteurs y jouent les mêmes rôles depuis l'invention de ce genre de spectacle. Nous avons vu en février les mêmes scènes qu'en juillet 1830. Nous avons rencontré dans les rues dépavées de Paris le même gamin historique traînant ce grand sabre, dépouille opime d'un garde municipal en fuite. Pour être de dix-huit ans plus vieux qu'en 1830, le gamin de février n'en était pas moins, sous son costume tragi-comique, la personification burlesque de nos folies révolutionnaires.

Démoralisation politique, amour de la révolte en bas, absence d'action en haut, hasard, fatalité, tout a mis la main à cet événement, à cette catastrophe, à cette révolution de février.

« Cependant, » nous répondent les hommes sortis du mouvement de février, » cependant, cette révo-» lution était possible, puisqu'elle s'est faite. Elle » était vraie, puisque le pays l'a reconnue. Elle » était politique, puisqu'il en est sorti un gouver-» nement, une république. »

Ce gouvernement que vous avez créé, que vous avez proclamé le 24 février, regardez, est-il toujours dans vos mains? Non, le gouvernement est revenu insensiblement au degré de température politique du pays : il est redevenu régulier, calme, modéré, conservateur comme avant février. La république elle - même, sortie toute en armes de vos arsenaux, vous a abandonnés; elle est passée à un parti plus avancé que vous : elle est aujourd'hui dans les mains des socialistes. « La » révolution de février, disent ces derniers, a été » faite pour nous. Cet événement a un sens social » qui doit régénérer le pays. La vieille société » est mal faite, nous allons l'abattre. L'avenir est » à nous, rien qu'à nous; il est à nous parce que

» le peuple veut la république démocratique et
» sociale. »

Jetons un regard sur cette société, objet d'une si formidable menace.

IV.

DE LA SOCIÉTÉ.

DE LA SOCIÉTÉ.

Constitutionnellement parlant, il n'y a plus en France de classes privilégiées. Il n'y a désormais qu'une simple réunion d'hommes appelée *le peuple*. Devant la loi, il n'existe plus ni titres, ni fortune, ni priviléges; il n'y a plus qu'un citoyen, quel que soit le nom qu'il porte, quelque fortune qu'il ait; un citoyen, c'est-à-dire la trente-trois millionième partie de ce tout nivelé par la loi, et qu'on nomme *le peuple*. Sous le point de vue de l'égalité, ce bienfait des révolutions peut avoir son avantage; mais pour la physionomie d'une société, cette égalité complète, il faut l'avouer, n'est pas une très-heureuse invention.

Nos révolutions auront peut-être cela de bien

triste, qu'elles finiront par enlever à notre société son esprit, son élégance, ses mœurs vives, son originalité, en un mot. Nous en avons un exemple sous les yeux. Aujourd'hui la France discute nuit et jour une question sociale; elle délaisse à ce rude métier sa littérature, ses arts, ses sciences, ses plaisirs et même son esprit. Son anéantissement intellectuel peut arriver d'un jour à l'autre. Il vaut mieux qu'un peuple perde sa liberté que son génie. Tout le temps qu'un pays donne aux commotions politiques, il le perd pour le progrès de son intelligence. Plus ces commotions se répètent, plus elles ont de force pour mener un peuple à sa décadence morale.

Après toutes les secousses qui l'ont ébranlée, la société française peut encore se ranger en trois classes assez distinctes : *la noblesse, la bourgeoisie, le peuple*. Les révolutions ont, il est vrai, considérablement détruit la constitution de l'ancienne société française, mais elles ne lui ont presque rien enlevé de son caractère. Il est toujours spirituel, héroïque et léger. Une société plus sage que la nôtre eût péri cent fois sous l'océan révolutionnaire; la nôtre a surnagé par l'effet même de la légèreté de son caractère. Les tempêtes ont beau engloutir le vaisseau de la France, toujours quelque chose revient miraculeusement au port ; c'est notre esprit national, notre verve française, notre génie, en un mot. Il ne faut jamais désespérer d'un pays qui a pu rire le lendemain des horreurs de 93 : il y a dans ce seul fait plus de force morale que d'insouciance coupable. Cependant, on ne peut nier que la société française n'ait reçu un coup mortel de la main de la première révolution. La guillotine a fait plus que de couper des têtes, elle a décapité les priviléges. Or, le privilége est la première condition d'existence pour une société aristocratique. Celle-ci vit du privilége comme elle meurt de l'égalité.

Aujourd'hui la société, bouleversée par les révolutions, nivelée par la philosophie même des événements, attaquée de front par le principe démocratique, garde cependant encore le sentiment inné du privilége. Le privilége n'est plus dans la loi, mais il est encore dans le cœur. Nous ne voulons plus, il est vrai, le reconnaître en personne ; mais nous ne demandons pas mieux qu'on le voit briller sur nous. Nous faisons de la démocratie en public, et de l'aristocratie à la maison. Nous donnons cet étrange spectacle d'un pays démocratique dans sa constitution et aristocratique dans ses mœurs.

Si l'esprit démocratique, qui semble vouloir devenir le principe des sociétés futures, devait périr, il ne pourrait se briser que devant le vieil esprit aristocratique : le passé tuerait l'avenir. Du reste, toutes les luttes qui ont eu lieu, qui auront lieu encore, ne sont que les conséquences de la rivalité des deux esprits. L'esprit démocratique a pour lui l'avenir ; l'esprit aristocratique a le passé. Le premier arrive comme un souffle des plaines immenses de l'inconnu : que fera-t-il? Le second, vieux comme le temps, fier comme un titre, reste toujours debout : tombera-t-il? L'un domine l'histoire de nos dernières années ; l'autre est resté dans le cœur des hommes. Le premier s'appelle l'égalité ; le second se nomme le privilége. L'un a la haine des grands; l'autre a l'amour des grandeurs. Le premier efface toute la physionomie d'une société ; le second lui laisse toute son originalité. L'esprit démocratique veut tuer le passé ; mais il épouvante l'avenir. L'esprit aristocratique veut sauver le passé ; mais il ne contente pas l'avenir.

Auquel des deux sera la victoire ?

Les deux antagonistes ont maintenant dans leurs mains une arme qui doit décider le différend promptement, irrévocablement. A la révolution de février, un fait considérable a surgi, le seul peut-être qui soit sorti sérieusement de cet amas de décrets du gouvernement provisoire : nous voulons parler du suffrage universel. L'urne électorale est la boîte de Pandore dans les mains de la France. Dieu seul voit d'avance ce qui doit en sortir. Le suffrage universel est le vrai terrain de la lutte où va expirer l'un ou l'autre principe rival. Le principe démocratique et l'esprit aristocratique s'y sont déjà rencontrés plusieurs fois, moins pour s'y livrer une bataille décisive, que pour expérimenter leurs forces. La vraie lutte est dans l'avenir. Numériquement parlant, la démocratie doit l'emporter tôt ou tard, par cette simple raison que dans une affaire de vote, deux voix valent mieux qu'une. Mais, d'un autre côté, la démocratie a un grand danger à courir ; ce danger est dans l'exercice même du suffrage universel. Ce n'est pas chose facile à un peuple que d'user d'un droit nouveau, surtout lorsque ce droit lui arrive à l'improviste, par le fait d'une révolution inattendue ; lorsque cette même révolution lui jette brusquement ce droit dans les mains, plutôt comme une arme que comme un bienfait.

En effet, que voyons-nous arriver en février ? Nous voyons un peuple passer de la nullité la plus grande à la souveraineté la plus complète. Hier, ce penple dormait dans les plus épaisses ténèbres de l'inaction politique ; aujourd'hui une révolution le réveille en sursaut en plein soleil de la vie sociale. Ebloui, il s'égare. Armé trop vite d'une force immense, son premier mouvement le porte à l'abus de cette force. De là, ces élections violentes, rouges, socialistes, si fatales à l'avenir du peuple.

Il faut que le peuple se persuade bien que le suffrage universel ne doit pas être dans ses mains un instrument révolutionnaire, créé et mis au monde pour tout démolir, mais bien sa prise d'action immense, patiente, légale, au mouvement progressif du pays. Puisque le suffrage universel donne au peuple une place si considérable dans l'avenir de la société, quelle folie le pousse à vouloir démolir la scène où il est appelé à jouer le rôle principal? Si l'heure de son règne a sonné, pourquoi cherche-t-il à passer sur des monceaux de débris pour pénétrer dans son empire? Est-ce que, par hasard, le génie de la démocratie serait un génie de destruction? Est-ce que le règne du peuple arriverait sur la société, comme le torrent sur les belles campagnes, immense pour mieux l'engloutir?

Si le peuple, au contraire, veut rester dans toute la puissance de son action politique, il faut qu'il attende patiemment. La patience est le caractère de la force. Lorsqu'il a quelques droits à revendiquer à la société, il faut qu'il vienne à elle sans menace à la bouche. La société a de bonnes intentions, mais elle doit agir avec prudence. Avant toute chose, il faut qu'elle se soutienne, il faut qu'elle vive. La société se renferme dans l'immense sentiment de sa conservation ; elle y cache ses dieux, ses enfants, ses foyers, ses trésors et la sainte image de la patrie !... Une révolution éclate dans son sein. Du jour au lendemain on veut exiger d'elle la reddition de tous ses principes d'existence... Le 24 février poussait à un bouleversement social. Que fit la société ? Elle résista les armes à la main. Elle voulait bien faire quelques concessions, mais elle ne pensait pas devoir les faire aussitôt. Comme un créancier pressé de toucher ses arrérages, le peuple exige tout à la fois, droit au travail, droit à l'assistance, droit d'association, abolition d'impôts, etc... La société s'effraie de ces exigences accumulées les unes sur les autres et recule devant l'impossibilité de les satisfaire toutes. Plus le péril la touche, plus elle se replie sous le sentiment inébranlable de sa conservation. Le socialisme, qui veut la contraindre à faire des concessions généreuses, ne fait que la rendre plus égoïste : en voulant lui forcer la main, il la paralyse.

Il est un second danger que le peuple a eu bien soin de ne pas éviter aux élections, c'est l'influence démagogique. La démagogie est le côté ridicule et gonflé de vent de la démocratie, quand elle n'est pas sa folie furieuse et rouge de sang. Nous croyons donc que le peuple, dans les premières élections, s'est trop livré aux démagogues. Il lui fallait pour représentants des hommes plus soucieux de son avenir que de ses passions. Ses premiers mandataires avaient à lui bâtir gravement, avec calme, l'entrée de la carrière politique ; ils avaient à le conduire par la légalité, à l'exercice de ses droits. Au lieu de cela, nous voyons ses représentants, courtisans et imitateurs de ses passions violentes, jeter leur caractère au hasard d'une insurrection, et laisser prendre les mandats du peuple dans les filets de la police ! Que le peuple ne l'oublie pas aux prochaines élections ; ce sont ses amis furieux qui le perdent. Les rouges flattent les passions sanglantes ; les socialistes, les instincts cupides ; les uns, pour jeter le peuple dans la honte ; les autres, dans la ruine. Sa cause a des côtés vrais et touchants, mais de tels défenseurs la tueront, de tels avocats doivent nécessairement la perdre !

En dehors du peuple, dont nous venons d'esquisser l'action sur le suffrage universel, nous trouvons deux classes d'hommes autrefois ennemies, mais qui se touchent aujourd'hui par le sentiment mutuel de leur conservation. Nous parlons de la noblesse et de la bourgeoisie. Elles s'unissent sans s'aimer.

Il est une chose que les révolutions ne tueront jamais en France, c'est la vanité. Faites descendre aussi bas que possible la société française ; il y aura toujours chez nous des gens qui trouveront moyen

d'y inventer une distinction. On tomberait à la
république démocratique et sociale, que les socialistes eux-mêmes se pareraient de quelque monstrueux hochet de vanité.... Lorsqu'on veut regarder
le côté mesquin de nos révolutions, on y découvre
toujours le bout de l'oreille d'une vanité froissée.
C'est la bourgeoisie vaniteuse et jalouse de la noblesse qui fait la première révolution pour abattre
les nobles. Le temps, qui a fait descendre la noblesse
et monter la bourgeoisie, n'a pas encore pu cependant les mettre de niveau. La noblesse est venue
refaire bien souvent sa fortune dans des mariages
avec la riche bourgeoisie; celle-ci, de son côté, a
conquis bien des titres par ses alliances avec la
noblesse, et, cependant, une ligne de démarcation
faite avec du vieux sang existe toujours entre ces
deux classes de la société.

Où donc est le grand obstacle à l'union sincère
de la noblesse avec la bourgeoisie?... Il est une
chose encore au monde qui se moque singulière-
ment des révolutions politiques, démocratiques et
même sociales, c'est la nature. Nous sommes fâchés
d'avoir à l'apprendre aux amis de l'égalité parfaite;
la nature ne partage pas du tout leur opinion. La

nature aime les contrastes ; toute sa physionomie pittoresque est dans ses inégalités. Rien ne se ressemble ici bas, pas même deux socialistes sortis du ventre de la même doctrine. La nature a glissé son amour de l'inégalité dans le cœur des hommes, nous allons jusqu'à dire dans leur sang. Les révolutions ont beau tourner et retourner sans cesse le corps social, le petit filet de sang y coule toujours dans sa même direction. L'inégalité des hommes tient au caractère indélébile des origines. Les nobles sont forcés d'être nobles, les bourgeois d'être bourgeois, le peuple d'être peuple. Cette loi du sang n'a rien qui outrage l'humanité dans un pays où tout homme, quel que soit son berceau, peut devenir grand de sa place et à sa place. Nous rougirions de commettre un contre-sens barbare en venant maintenir une supériorité ou infliger une condamnation à l'une ou l'autre de ces trois classes d'hommes. Nous constatons seulement ici leur caractère propre ; nous établissons la différence originelle, la raison physiologique qui les empêchent de pratiquer le principe de l'égalité complète.

La noblesse que 93 a décapitée à moitié, que le

partage des terres a peu à peu déracinée du sol, n'existe plus que par ses débris. Dans ces débris on reconnaît toujours le ciment de l'édifice entier : le sang. La noblesse n'a pas le droit de lancer l'anathème à 93 : elle l'a préparé par ses fautes, par ses vices et même par ses qualités. Élève des philosophes du dernier siècle, elle a commencé par railler finement ce que le peuple a démoli plus tard avec brutalité. Insouciante et légère, elle a fait bon marché de ses droits, sans penser que les têtes iraient bientôt rejoindre les droits tombés. Elle dansait au moment où la révolution creusait sa tombe. Quand l'échafaud fut devant elle, elle y monta héroïquement, cherchant dans ce dernier acte de courage, le pardon de son imprévoyance et de sa légèreté. N'ayant pas su agir à temps, elle sut mourir à propos...

La noblesse actuelle n'a plus que l'ombre des qualités et des vices de la noblesse ancienne. Les événements l'ont mise à la taille de notre société bourgeoise. Deux choses, cependant, lui conservent encore sa physionomie antique. Deux symboles qu'elle porte en forme de reliques sur sa blanche poitrine, la font remonter pieusement à travers les âges. Deux principes la font marcher à l'écart des grandes passions du jour. Ce double symbole, ce double principe, vivent dans ces deux mots : *Dieu et le roi.* Si quelque chose peut ramener, un jour, la noblesse à la surface du mouvement, ce sera sa foi religieuse et politique. C'est par cette foi d'un autre âge qu'elle s'éloigne des révolutions modernes ; c'est peut-être aussi par cette foi puissante qu'elle pourra chercher, un jour, à les pacifier, et qu'elle arrivera ensuite à les dominer.

En détruisant la noblesse, la révolution amena naturellement le règne de la bourgeoisie. La bourgeoisie n'avait pas les vices, mais aussi ne possédait pas les qualités de la noblesse : le sang de la bourgeoisie était à un degré de chaleur tempérée, forcé qu'il était de couler dans l'ombre de ses boutiques, au fond de ses comptoirs et de ses études. La bourgeoisie accepta avec enthousiasme les principes de 89 : c'était son règne qui commençait. Depuis cette époque, elle règne. Ses principes religieux et politiques diffèrent de ceux de la noblesse. En religion, la bourgeoisie est voltairienne ; en politique, elle est matérialiste. Tracassière et inquiète comme un pouvoir assis d'hier, elle a passé la

moitié de sa vie politique dans des disputes de pré-
rogative. Elle n'aime pas la noblesse, dont elle se
voit toujours trop loin : elle n'aime pas le peuple
qu'elle voit trop près d'elle. La bourgeoisie a régné
pendant dix-huit ans, par Louis-Philippe, qu'elle
avait appelé le roi de son choix. Elle a donné à ce
règne le caractère propre de sa politique : elle y a
élevé au plus haut point le progrès matériel. Cette
aristocratie nouvelle avait conquis un nouveau
privilége : l'argent. Elle était au comble de la puissance, lorsque sa fortune est venue se casser le
cou sur une barricade de février.

En proclamant quelques-uns de ses principes, la
révolution de février a épouvanté la classe noble,
qui tient au sol par d'immenses propriétés, et la
classe bourgeoise, dont la fortune circule par énor-
mes capitaux. A l'aspect du danger commun,
ces deux vieilles rivalités ont mis de côté leurs
vieilles rancunes. Aux journées de juin, nous les
voyons combattre dans les mêmes rangs. A l'élection du 10 décembre, elles écrivent le même vote.
Aujourd'hui les nobles légitimistes et les bourgeois
orléanistes soutiennent ensemble la politique du
gouvernement actuel.

Qui donc a pu produire ce miracle de réconcilia-
tion ? Quel ennemi terrible a donc pu les forcer de
s'unir pour combattre plus puissamment ?

V.

DU SOCIALISME.

DU SOCIALISME.

Cet ennemi, le socialisme, joue déjà un rôle formidable dans notre histoire. A peine sorti des ténèbres de l'inconnu, il jette sur tout le pays l'éclat de sa sinistre aurore. Attila s'élançant des brumes du Nord ne marcha pas plus vite que le nouveau barbare. Le moderne fléau de Dieu, à peine arrivé sur les frontières de la société, la regarde déjà comme sa proie. Il ne vient pas en conquérir les merveilles ; il veut en détruire les fondements. Né de la haine et de l'orgueil, son génie, comme celui de Satan, est dans le grandiose des destructions qu'il rêve. C'est avec des images colossales de ruines et de désolation qu'il entre dans l'esprit des pervers, des fous et des orgueilleux. Il attise toutes les haines par la possibilité de toutes les vengeances. Il séduit tous les désespoirs par l'idée d'un cataclysme universel. Il n'est grand que sur les ruines qu'il médite de faire. Il devient impuissant ou ridicule, dès qu'il touche à la plus simple idée de conservation. Est-il le ministre de la colère de Dieu? Est-il la loi du temps, et vient-il pour abattre ce qui doit tomber? ou n'est-il que le rêve honteux d'une nation démoralisée?... Qu'est-ce donc que le socialisme?

Les peuples, comme les individus, ont leurs maladies : les maux de l'enfance, de l'âge mûr, de la vieillesse. La barbarie, les guerres, les révolutions, la démoralisation, la décrépitude, sont autant de maladies qui attaquent successivement les peuples. Elles arrivent juste à leurs heures. Toute société a dans ses entrailles le germe de sa fin : le temps le développe, les révolutions le mûrissent, Dieu le fauche. Chez un peuple jeune, le mal est dans l'exubérance de sa force physique. Sa vie est à une trop forte source; elle est obligée de se répandre de côté et d'autre en guerres continuelles. Chez un peuple mûr, la civilisation, arrivée à son sommet, commence à voir la pente où elle doit tomber; l'inquiétude et la tristesse s'emparent déjà de l'esprit de cette nation. Chez un peuple vieux, le caractère de sa fin est dans la démoralisation, le mépris des principes, la confusion des idées, la folie des doctrines. Les grandes civilisations finissent toujours par quelque monstrueuse démence. Babylone tombe sous la table du festin de Balthazar. Ninive voit brûler sa civilisation sur le bûcher de Sardanapale. La puissance de Rome expire dans les crapules d'une orgie colossale. Plus les sociétés sont montées haut, plus Dieu se plaît à les frapper de vertige.

C'est chose triste à dire, mais la France porte déjà sur elle quelques signes de décadence. Le socialisme est peut-être la gigantesque folie qui doit emporter la société française, si ses jours sont comptés dans les arrêts de Dieu.

La religion nouvelle compte déjà plusieurs sectes ennemies les unes des autres. L'hérésie était dans son berceau. A l'heure qu'il est, ses premiers apôtres ne parlent déjà plus la même langue. Ils sont en pleines querelles de doctrine. Ils ressemblent à cette foule de faux prophètes qui se disputeront à la veille des derniers temps. Pourquoi cette dissidence d'idées et de langage? La vérité est une. Si le socialisme est vrai, pourquoi Proudhon ne s'entend-il pas avec Pierre Leroux? Pourquoi Pierre Leroux méprise-t-il Proudhon ? Pourquoi Louis Blanc hausse-t-il les épaules devant les théories de Cabet? Pourquoi Cabet se promène-t-il seul dans son Icarie?

Si les choses devaient en rester aux querelles de ces fameux socialistes, elles auraient un côté plaisant qui nous dédommagerait bien vite de nos fausses alarmes. Mais, hélas! il est tombé de leurs œuvres, de leurs discours, une idée que le peuple a ramassée à l'instant même. Il l'a vite comprise, parce qu'elle allait droit à ses instincts destructeurs, à ses passions, à ses souffrances, peut-être. Il a reçu l'idée dans son sein, et il l'emporte dans toute sa conduite. Les chefs d'école peuvent bien se jeter, là-haut, dans toutes les querelles de doctrines, dans tous les sophismes, dans tous les développements de leurs systèmes; le peuple poursuit, en bas, la conséquence logique, fatale, inévitable, de l'idée. On l'a mis dans les fondements de la maison avec un levier à la main.

Une doctrine comme celle du socialisme qui ne triompherait qu'à demi, ne triompherait pas du tout.

Pour que sa victoire fût complète, il faudrait qu'elle arrivât à sa signification la plus radicale. Voilà bien le grand crime des chefs socialistes : ils ouvrent toutes les digues, et ils s'imaginent qu'ils pourront arrêter le torrent juste au bord de leurs systèmes. A les entendre dans leurs livres, dans leurs discours tout emmiellés de principes philanthropiques, ils se posent déjà comme les ordonnateurs de cette grande fête sociale au milieu de laquelle le monde entier est destiné à finir heureusement ses jours. Les insensés ne se doutent pas que si le triomphe de leurs doctrines arrivait jamais, ils ne reconnaîtraient pas plus leur œuvre, après la victoire, que l'architecte ne reconnaît la maison qu'il a bâtie, après que l'incendie l'a dévorée !

La société, nous le savons tout aussi bien que ces grands socialistes, la société est loin d'être parfaite. La nôtre a une souffrance immense à calmer : le paupérisme. Nous pourrons le soulager à la longue, s'il plaît à Dieu ; mais, à coup sûr, les socialistes ne le guériront pas. Le malheur est fixé sur l'homme : c'est la loi de Dieu ; c'est l'énigme éternelle de sa destinée. Il ne sera jamais donné à aucune puissance humaine de rendre tous les hommes heureux. Que le socialisme détruise tout au profit de ceux qui souffrent, et, à l'instant, il porte ailleurs la souffrance : il n'a pas guéri le mal ; il l'a seulement forcé à changer de côté.

Socialistes, vous voulez démolir la vieille société ; mais quels fondements assurez-vous à la nouvelle? Vous soulevez les peuples par l'appât des biens matériels ; mais dites-nous donc en quoi vous ferez consister la vertu dans votre société future?... Une société ne se fonde bien que sur la vertu !... Il en est parmi vous qui vont jusqu'à rêver ceci : tout homme aura sa part égale dans le partage des biens de tous ; il aura sa part qu'il ne pourra augmenter au détriment de personne, qu'il ne pourra diminuer au profit de personne. Cet homme ne pourra plus céder au besoin de donner ; il ne pourra plus avoir l'envie de s'agrandir. Il faudra qu'il renonce à toute sympathie, à toute ambition. Tous les hommes devront vivre sous ce joug monstrueux d'égoïsme, absurde d'égalité. Nous aurons atteint l'idéal du progrès social : nous serons passés définitivement sous le régime du néant....

La société actuelle a ses vices et ses qualités, comme toutes les choses de ce monde. Elle veut faire le bien ; mais il faut qu'on lui laisse le temps de voir comment elle peut le faire. Il est dans son sein des êtres qui souffrent ; socialistes, ne lui coupez pas la main qu'elle est déjà toute disposée à leur tendre. Vous lui reprochez d'être immobile, et vous voulez la jeter dans les abîmes de la destruction. Vous l'accusez de ne rien faire pour le bien du peuple, et vous enlevez à ce même peuple le premier des biens, la moralité. Vous lui enseignez le mépris de tous les premiers principes de la vie sociale ; vous l'égarez sur son chemin ; vous l'amenez, si son bon sens ne l'arrête pas, vous l'amenez à quelque catastrophe monstrueuse d'horreur et de désolation !

VI.

DU GOUVERNEMENT.

DU GOUVERNEMENT.

Dans un pays où tous les gouvernements furent possibles, tous les partis ont essayé de régner à tour de rôle. Déjà, depuis soixante ans, quatre gouvernements, d'origine et de fin différentes, ont passé sur la France. L'un s'y élève par la terreur, l'autre par la gloire; celui-ci commença par la restauration de la branche aînée; celui-là finit par la chute de la branche cadette des Bourbons. Tous les quatre ont travaillé à un coin de l'édifice gouvernemental; il n'a été donné à aucun d'eux de pouvoir l'achever. De telle sorte que, dans un pays si fertile en gouvernements, on en est encore à chercher un gouvernement. Il serait cependant si

facile d'en reconstituer un, solide, durable, avec
tous les éléments d'existence qui règnent encore
sur le pays ! Il ne s'agirait que de s'entendre une
fois pour toutes sur le principe de ce gouvernement.
Mais, hélas! tout le mal de la situation est dans la
difficulté de s'entendre.

Les gouvernements déchus ne sont jamais abso-
lument tombés. Une révolution les chasse ; mais ils
restent au sein du pays par leurs partisans. Autant
de gouvernements à bas, autant de partis debout.
Une opinion ne devient même quelque chose que
par la guerre qu'elle déclare à la chose établie. Plus
les opinions sont nombreuses et opposées entre elles,
moins il est facile de parvenir à une situation ho-
mogène. Nous en venons donc à dire que plus un
pays a essayé de gouvernements, moins il lui est
permis de s'arrêter à un gouvernement définitif,
les partis le jetant sans cesse en avant, dans le sens
de leur fortune.

Jamais l'histoire de la France n'avait offert l'aspect d'une division d'opinions aussi grande que
celle qui existe aujourd'hui. Aujourd'hui, cinq partis sont en présence. Tous les cinq tendent la main
vers le pouvoir définitif. Les légitimistes espèrent

le triomphe du droit divin. Les orléanistes croient à une jeune dynastie qui semble n'avoir pas dit son dernier mot avec la France. Les bonapartistes rêvent l'empire. Les républicains modérés veulent le maintien de leur république. Les socialistes marchent jour et nuit.

Dans la grande lutte sociale, tous les partis peuvent se diviser en deux camps : le camp aristocratique, le camp démocratique. En dehors sont mille petits partis que nous nommerons les partis anarchiques. Ces bandes indisciplinées désertent le gros de l'armée, marchent sans drapeau, vont et viennent sans cesse dans les champs de l'émeute, désespèrent les forces régulières des gouvernements, et empêchent toujours la fin des hostilités. Ce sont ces mille petites bandes anarchiques que le socialisme enrôle les unes après les autres, les soudoyant avec de grasses promesses, les disciplinant par l'espoir d'un grand désordre social. Peu à peu, tous ces corps francs de l'anarchie se trouveront réunis et formeront la plus abominable armée qui soit sortie des bas-fonds d'une société.

Le premier devoir d'un gouvernement est de gouverner. Il gouverne par la force et par la justice.

Il puise sa force et sa justice dans le droit de sa cause. Sa cause est de sauver celle du pays. Défendre et sauver le pays, tel est le devoir du gouvernement. Plus ce devoir est difficile à accomplir, plus le pouvoir doit s'appuyer sur tous ses moyens d'action, dût-il les briser sous lui. Il vaut mieux tomber, que de ne pas gouverner.

Aujourd'hui, le gouvernement a une mission telle que n'en eurent jamais tous ceux qui l'ont précédé. Il conduit le char entre deux abîmes. Un écart à droite ou à gauche le perd. Il est vrai aussi que, par l'élection du 10 décembre, jamais condition meilleure n'avait été faite à un pouvoir. Ce jour-là, les partis ont fait un prodige : ils se sont entendns. Depuis un an, cette entente a bien eu des jours de nuage, mais elle n'a pas fait le moindre faux pas au profit du désordre. Le grand parti de l'ordre s'est maintenu autour de l'élu du 10 décembre. La raison qui a fait taire, il y a un an, les opinions ennemies, existe toujours, existe plus que jamais. Du jour où les partis voudront reprendre leur ancienne position, le pouvoir restera à découvert devant son ennemie naturelle, l'anarchie... Si votre politique d'union a pu sauver la première année, pourquoi ne lui laisseriez-vous pas sauver la seconde ? Puisque vous voyez qu'en oubliant les vieux intérêts dynastiques, vous avez presque assis un gouvernement sur tant de pouvoirs tombés, pourquoi ne tenteriez-vous pas de réaliser le miracle d'un gouvernement durable en France ? Pourquoi ?

Nous allons répondre à l'instant à cette question.

Pour établir un gouvernement stable, il faut pouvoir s'arrêter. Et malheureusement le pays est livré à un élan révolutionnaire qui l'empêche de prendre le moindre temps d'arrêt. Pour rester fidèle aux institutions en vigueur, il faut y croire. Et malheureusement le scepticisme politique nous tue. Enfin, pour accepter définitivement un pouvoir établi, il faut ne plus en vouloir d'autre. Et le propre des nombreux partis qui divisent la France est de toujours espèrer le retour du pouvoir qu'ils aiment. Élan révolutionnaire, scepticisme politique, espoir des partis, tout autant de choses qui empêchent l'affermissement d'un gouvernement quelconque.

Aujourd'hui, nous avons un chef de l'État élu par cinq millions de votants. Pourquoi ne s'établirait-il pas sur cette base immense de l'élection ? Pourquoi ? Parce qu'il ne peut s'y maintenir que pour quatre ans. Le président de la République aurait beau donner au pays un gouvernement protecteur de ses intérêts, de son repos, de son avenir, il faudra que du jour au lendemain il descende du pouvoir. Ainsi le veut la Constitution. La Constitution! la loi fondamentale du pays ! Ce n'était pas assez que d'avoir des mœurs politiques aussi légères, aussi inconstantes que les nôtres, il fallait encore qu'elles trouvassent leur sanction dans la loi du pays.

La France a donc un pouvoir exécutif qui fonctionne depuis un an, mais qui n'a plus guères que deux ans et demi à vivre. Les partis peuvent, un calendrier à la main, fixer une date à leurs espérances. Le pouvoir, de son côté, sait quand il doit mourir. Que voulez-vous donc qu'il tente de grand, de solide, de durable, devant la brièveté de sa mission ? Est-ce donc une puissance bien respectable que celle dont on peut venir fermer les yeux à date fixe ? La grandeur de toute puissance est dans le mystère de sa destinée. On nous objecte que le vrai, le seul pouvoir suprême est dans la souveraineté du peuple ; que ce pouvoir est immuable, éternel comme lui ; que le peuple donne et retire ce pouvoir, quand bon lui semble, sans en amoindrir la valeur. Nous répondons à cela que la souveraineté du peuple est un principe fort beau en lui-même, mais que plus on en ménage l'application, plus on en conserve l'autorité. Donner une vie si courte au premier représentant de la souveraineté du peuple, c'est développer dans cet élément déjà si inconstant tout le principe des révolutions. Appeler tous les quatre ans ce même peuple à prononcer sur la question du pouvoir, c'est l'habituer à n'en voir que l'instabilité, c'est aussi le jeter continuellement dans la roue du hasard.

VII.

DERNIÈRES QUESTIONS.

DERNIÈRES QUESTIONS.

Nous sommes arrivés au demi-siècle par cinquante ans de révolutions, de changement de gouvernements, de crises sociales. Ce demi-siècle a-t-il fait progresser notre pays ou l'a-t-il fait marcher vers l'heure de sa décadence ? Grave et solennelle question! De toutes les idées qui flottent à la surface de nos révolutions, comme des débris sur les flots agités, en est-il une qui doive entrer au port pour annoncer la fin des tempêtes? De toutes les questions qui travaillent la société, en est-il une qui porte dans ses flancs le gage de l'avenir? Chaque siècle met au monde la pensée qui le fait ou grandir ou tomber. La philosophie fut la pensée du siècle dernier; la démocratie est la pensée du nôtre. La démocratie, peut-elle nous sauver? Doit-elle nous perdre? La démocratie, comme un fleuve débordé sur la vieille société, la détruira-t-elle de fond en comble ou la noiera-t-elle dans les principes fécondants d'une autre société plus jeune? Cette grande lumière que la démocratie jette à cette heure sur les masses agitées, est-elle l'aurore d'une vie nouvelle pour les peuples, ou n'est-elle qu'un météore rapide, avant-coureur d'une fin prochaine? Ce grand éclat annonce-t-il le lever du soleil de l'avenir, ou n'est-il que la lueur d'un feu immense qui s'est mis aux fondements de la société? Dieu veut-il régénérer ou détruire la face du pays? Le socialisme est-il une religion ou une vengeance? Est-il un avertissement salutaire donné aux hommes égoïstes, amoureux de leur fortune, ennemis des misères sociales? ou n'est-il qu'un fantôme d'un jour, dont nos enfants riront en lisant les récits de nos vaines terreurs?

Quelle conclusion pouvons-nous donner qui ne soit démentie à l'instant par l'incohérence ou l'imprévu des événements?

Nous terminerons donc ces quelques lignes, écrites avec plus de tristesse que d'autorité, en adressant ces trois questions à l'avenir :

Le socialisme périra-t-il par la confusion même des doctrines de ses premiers apôtres? S'évanouira-t-il devant le bon sens public, dans un tapage extraordinaire de mots creux et sonores?

A quelle idée, à quel principe, à quel parti la société ira-t-elle demander définitivement son salut, c'est-à-dire, un gouvernement vrai, fort, et surtout durable?

Enfin, à quelle heure, en quelle année marquée par la Providence, la France aura-t-elle le bon esprit ou la force de terminer sa révolution qui dure depuis soixante ans?

BIBLIOTHÈQUE NATIONALE
R.F.
IMPRIMÉS.

TABLE DES CHAPITRES.

I. 1850.   5

II. Du Passé.   9

III. Du Présent. 15

IV. De la Société. 25

V. Du Socialisme.. 43

VI. Du Gouvernement. 53

VII. Dernières questions 63

IMPRIMERIE CENTRALE DE NAPOLÉON CHAIX ET Cie, RUE BERGÈRE, 20.

www.ingramcontent.com/pod-product-compliance
Lightning Source LLC
Chambersburg PA
CBHW061758050726
47598CB00002B/782